AF268146

HISTOIRE

DE

LA RELIQUE

DE SAINT SIGISBERT,

DÉPOSÉE EN L'ÉGLISE CATHÉDRALE

DE NANCY.

BIBLIOTHÈQUE NATIONALE R.F. IMPRIMÉS.

DÉPOT LÉG Meurthe n° 250. 1851

NANCY,

IMPRIMERIE DE VAGNER, RUE DU MANÉGE, 5.

1851.

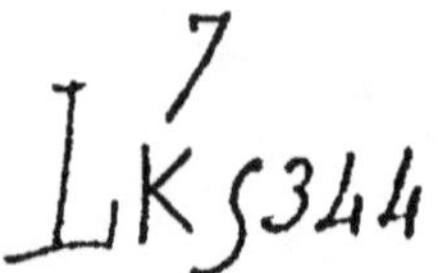

LK⁵ 344

NANCY, IMPRIMERIE DE VAGNER,
Rue du Manége, 5.

HISTOIRE

DE

LA RELIQUE

DE SAINT SIGISBERT,

DÉPOSÉE EN L'ÉGLISE CATHÉDRALE DE NANCY.

Il existait anciennement, hors des murs de la ville de Metz, au-delà et à l'occident de la Moselle, une abbaye de l'ordre de Saint-Benoît, qu'en raison de sa situation et du patron sous l'invocation duquel elle était placée, on appelait Saint-Martin-aux-Champs, Saint-Martin-lès-Metz ou devant-Metz. Elle avait été, dit-on (1), fondée dans la première moitié du

(1) « Cette célèbre abbaye, disent les Bénédictins, dans leur *Histoire de Metz* (T. I. p. 399), fut d'abord construite sur la montagne Saint-Quentin, à quelque distance de la Moselle, ce qui la fit alors appeler *Saint-Martin-aux-Champs*. Vers le milieu du XIe siècle, on la rebâtit dans un faubourg assis au pied de cette montagne, d'où lui vint le nom de *Saint-Martin-au-Faubourg*, sous lequel elle fut depuis connue. On ignore l'année précise de sa fondation. Dom Mabillon la met en 648, et une petite histoire manuscrite de cette maison la fixe en 651. Peut-être ces deux époques ne sont-elles exactes ni l'une ni l'autre, car il semble qu'avant Sigebert il y avait déjà une abbaye de Saint-Martin aux environs de Metz. Dès l'an 615, saint Romaric ayant reçu un affront sanglant de la part d'Aridius, évêque de Lyon, ce saint alla faire sa prière dans la basilique de Saint-Martin, située hors de cette ville : or, selon la remarque de Dom Mabillon, ce terme de basilique dénote qu'il y avait un monastère. Il paraît même par la lettre de Gogus à l'évêque Pierre, qu'il existait depuis longtemps : le seigneur austrasien charge l'évêque de Metz de saluer de sa part, entre autres, les abbés du pays messin et une personne qu'il ne nomme pas, mais qu'il désigne par sa dévotion à fréquenter les églises, et par la construction de celle qu'elle avait fait bâtir sur le bord de la Moselle ; indication que nous soupçonnons avoir rapport à l'abbaye de Saint-Martin. Si cela est, Sigebert n'en sera que le restaurateur et le bienfaiteur ; mais, parce qu'il la rendit l'une des plus considérables de ses Etats, on se sera accordé à dire qu'il en fut le fondateur. »

VII⁰ siècle, par Sigebert II, roi d'Austrasie, et bâtie sur l'emplacement d'une ancienne église, aussi dédiée à saint Martin, et dans laquelle on raconte que Romaric, l'un des apôtres de la Vôge, vint (vers 615) faire sa prière après avoir été rebuté par Aridius, évêque de Lyon.

Quel que soit le degré d'authenticité de ces traditions, qui vont se perdre dans la nuit des temps, il est constant, d'après le témoignage de tous les historiens, que Sigebert fut inhumé dans l'abbaye dont il vient d'être parlé, et que sa dépouille mortelle y était l'objet de la vénération publique ; on ajoute même que Dieu opéra plusieurs miracles à son tombeau.

Quelques mots sur la vie de ce prince expliqueront le culte dont il est l'objet, et la croyance qu'ont eue et que conservent encore les fidèles dans la vertu miraculeuse de ses reliques.

Sigebert, vulgairement appelé Sigisbert, était fils de Daghe-Bert ou Dagobert, et petit-fils de Chlotaire II. Il n'était âgé que de trois ans, lorsque son père, de l'avis d'un grand nombre de seigneurs et d'évêques qu'il avait réunis à Metz, résolut de le déclarer roi d'Austrasie (633 ou 635). Il lui donna pour premier ministre et pour conseiller saint Cunibert, archevêque de Cologne, et Adalgise, duc du palais.

Un seul événement de quelque importance signala le règne du fils de Daghe-Bert : vers 640, Radhulf, duc des Thuringiens, ayant refusé de payer le tribut qu'il devait au Roi, celui-ci marcha contre le rebelle avec les Autrasiens, les sujets gaulois d'outre-Loire et les vassaux germains ; mais en vue du camp de Radhulf, qui s'était fortifié aux bords de l'Unstrut, la division se mit parmi les généraux. Plusieurs d'entre eux, gagnés par le duc des Thuringiens, refusèrent d'attaquer sur-le-champ : alors le duc d'Auvergne, le comte de Sundgau et d'autres chefs coururent à l'assaut en dépit de leurs collègues, tandis que Grimoald, maire du palais, protégeait le jeune roi contre une trahison.

« Le duc d'Auvergne, le comte de Sundgau et la plus grande partie des braves qui les avaient suivis, moururent au nombre de bien des milliers, dit la chronique, trahis et abandonnés par les gens de Mayence. »

Sigebert, voyant qu'il ne pouvait rien contre Radhulf, lui envoya des messagers, afin de pouvoir repasser le Rhin, et le duc des Thuringiens, s'alliant aux Esclavons-Wenèdes, régna désormais en souverain indépendant.

« Sigebert, ajoute l'historien auquel j'emprunte ces détails

(Henri Martin, *Histoire de France*), fut un grand fondateur de couvents et d'églises ; c'est à peu près tout ce que l'on sait de sa vie obscure. »

Sans doute la vie de ce prince fut obscure si on la compare à celle de la plupart des rois de cette époque, dont le règne fut trop souvent marqué par des guerres sanglantes, par des crimes que la barbarie des temps explique sans les excuser ; mais, en revanche, il se signala par son amour de la paix, de la justice et de la religion ; et lorsqu'il mourut (663), bien jeune encore (à l'âge de 25 ans, suivant les uns, de 28, suivant les autres), il emporta les regrets de tout son peuple.

Sigebert ne s'était pas contenté de réprimer les abus sans nombre qui s'étaient introduits dans le clergé aussi bien que dans la magistrature ; il ne s'était pas borné à diminuer considérablement les impôts, il avait donné lui-même l'exemple de toutes les vertus ; et sa charité sans bornes, ses bienfaits envers les pauvres, qu'il se plaisait à soulager de ses propres mains (1), font comprendre la vénération qui s'est attachée à sa mémoire, et justifient le titre de saint qui lui a été décerné (2).

Ainsi que je l'ai dit plus haut, Sigebert fut, comme il en avait témoigné le désir, inhumé dans l'église de l'abbaye de

(1) *Populorum judex et pater, non tantùm integerrimis et perspicacis ingenii viris administrandæ justitiæ curam demandavit ; verùm etiam omnium lites et jurgia, ac maximè pauperum et oppressorum, ipsemet componere non erubuit Cùm damnationes, quæ sub regno patris fato functi fuerant prolatæ, relegeret, Brunulphi liberis erepta bona restituere minimè dubitavit. Thesauros patrios à Clodovœo fratre receptos in alendis pauperibus, templis œdificandis.... adhibuit. (Breviarium tullense. 1748.)*

On sait qu'il existe, dans le chœur de la Cathédrale de Nancy, un tableau de Claude Charles, représentant saint Sigebert servant des pauvres à table. Cette église possède encore deux autres tableaux du même artiste, représentant, l'un le couronnement, l'autre l'apothéose du roi d'Austrasie.

(2) Un des biographes de saint Sigebert raconte au long les réformes introduites par ce prince dans les différentes branches du gouvernement. (*Histoire de la vie de saint Sigisbert, roy d'Austrasie, troisième du nom*, par le R. P. Nicolas Frizon, de la Compagnie de Jésus ; 1726.)
Outre cet ouvrage, je citerai encore l'*Histoire de la vie de saint Sigisbert, Roy de Metz et d'Austrasie*, par Georges Aulbery ; 1617 ; et l'*Histoire fidèle de S. Sigisbert XII° Roy d'Austrasie*, par le P. Vincent, religieux du tiers-ordre de saint François ; 1702. Je dois ajouter que ces écrivains se sont laissés aller à des exagérations que l'historien impartial et scrupuleux ne doit admettre qu'avec beaucoup de réserve.

Saint-Martin. Son tombeau demeura dans l'endroit où il avait
été primitivement déposé, jusqu'en 1063, qu'une partie de
l'église menaçant ruine, on fut obligé de le transporter à une
autre place. A cette occasion, on crut devoir ouvrir le cercueil qui renfermait le corps, et ce dernier fut trouvé, dit-
on, « aussi entier et aussi maniable que s'il eût été encore en
» vie (1). »

La renommée de ce prodige et de quantité d'autres miracles qu'on racontait s'être opérés au tombeau du roi d'Austrasie, fit bientôt de l'église Saint-Martin le but d'un pieux
pèlerinage, et l'on y vit venir une foule de malades qui espé-
raient obtenir, par la toute-puissante intercession du Saint, la
guérison de leurs infirmités.

En 1170, le bruit s'étant répandu tout-à-coup, dans la ville
de Metz, que le corps de Sigebert avait été enlevé de l'église
où il reposait, le peuple y accourut aussitôt, et les magistrats
de la cité se transportèrent eux-mêmes sur les lieux pour s'en-
quérir de ce qu'il y avait de vrai dans cette nouvelle. Letan-
dus ou Letaldus, qui était alors abbé de Saint-Martin, résolut,
pour connaître la vérité, et pour dissiper les craintes qui s'é-
taient manifestées, de faire ouvrir le tombeau du Saint. Cette
cérémonie eut lieu avec beaucoup de solennité, en présence
du clergé de la ville, de tous les abbés des environs et d'un
nombre immense de personnes, qui s'y étaient rendues de
toutes parts. Le corps du Roi fut trouvé tel qu'il était lors de
la première translation, c'est-à-dire « aussi entier, d'un air
et d'une figure aussi parfaite que l'aurait un homme endormi,
et non pas un mort. » L'abbé le fit alors tirer du cercueil, où
il n'était pas assez honorablement, et on le déposa dans une
belle châsse garnie d'argent (2).

Cet événement et le récit de nouveaux miracles redoublè-
rent la ferveur des fidèles, et leurs pieuses offrandes contri-
buèrent puissamment à augmenter les richesses du monastère
de Saint-Martin ; aussi, s'il faut en croire un de ses abbés,
Richer, qui vivait au XIIe siècle, l'église de cette abbaye sur-
passait-elle en beauté « celles que l'on pouvait voir à Rome, à
Jérusalem, à Antioche et à Constantinople. » Elle était, au dire

____

(1) Cet état de conservation, dit D. Calmet, doit être attribué, soit à un
effet naturel du baume et des drogues dont on l'embauma après sa mort,
soit à une faveur particulière du ciel.
(2) En 1173, d'après les Bénédictins.

de ce religieux, soutenue par six vingts colonnes; sa lon-
gueur était de cent soixante pieds, sa largeur de soixante et
sa hauteur de cinquante-quatre; elle était percée de huit por-
tes et de soixante et dix fenêtres.

Afin d'exciter les pèlerins à venir en plus grand nombre
encore au tombeau de saint Sigebert, le cardinal Hugues, légat du Saint-Siége, puis Gérard (1299) et Regnauld (1304),
évêques de Metz, accordèrent des indulgences aux chrétiens
qui, à certains jours de l'année, visiteraient dévotement l'église
de Saint-Martin (1).

Un fait de bien peu d'importance en lui-même, mais qui
eut de funestes conséquences, devait mettre un terme à la
prospérité dont cette abbaye jouissait depuis tant de siècles.

Celle-ci, de même que le bourg où elle était située,
était placée sous la juridiction des ducs de Lorraine, qui y
exerçaient certains droits, on ne sait depuis quelle époque, ni
en vertu de quels titres. Ils avaient une prébende à leur no-
mination dans le monastère (2), et les abbés reprenaient d'eux,
de main et de bouche, la terre de Saint-Martin (3).

Les ducs avaient fait, dans cette abbaye, des fondations importantes, qui, pour des causes qui ne nous sont pas connues,
avaient considérablement diminué dans les premières années du XVe siècle. Cet état de choses appela l'attention de
Charles II, et, au mois d'août 1420, il chargea Dominique
François, son secrétaire, et le prieur de Varangéville, de se
transporter dans cette abbaye et de pourvoir à son gouvernement.

Parmi les droits dont jouissaient les ducs de Lorraine au

(1) Les chartes de Gérard et de Regnauld sont a ux Archives. (Titres
de Saint-Georges et de la Primatiale.)

(2) Par une lettre datée du mardi après le Saint-Sacrement de l'année
1322, le duc Ferry mande à l'abbé de Saint-Martin-devant-Metz de don-
ner à Henrion de Metz, son valet, pour un de ses enfants, la prébende
qu'il a de droit en ladite abbaye par son avènement au duché. (Trésor
des Chartes, lay. *Saint-Martin.*) Cette lettre est citée par les Bénédictins, T. II, p. 503.

(3) Lettre de Jehan, abbé de Saint-Martin, par laquelle il reconnaît
avoir repris du duc de Lorraine la terre de Saint-Martin. Pénultième
mars 1374. (Trésor des Chartes, lay. *Saint-Martin.*) Ces deux titres
contredisent l'opinion de D. Calmet, lorsqu'il dit que les ducs de Lorraine n'ont eu d'autorité dans l'abbaye de Saint-Martin que depuis
qu'ils sont devenus ducs de Bar.

bourg de Saint-Martin, se trouvait celui de prélever une certaine redevance sur les fruits qui étaient portés hors des terres de leur souveraineté. Or, au mois de septembre 1427, Nicole Chaillot (ou Chaloy), abbé de ce monastère, ayant fait cueillir environ une hottée de pommes, les fit porter dans sa maison à Metz. Les moines, ayant eu connaissance de ce fait, s'en plaignirent à Charles II, et celui-ci adressa aux Messins plusieurs réclamations qui restèrent sans résultats, les magistrats jugeant qu'y faire droit serait porter atteinte aux franchises de la cité.

Le duc, n'obtenant pas la satisfaction qu'il prétendait lui être due, commença les hostilités, qui ne durèrent pas moins de trois années consécutives. Les ducs de Bar et de Bavière, le marquis de Bade, l'archevêque de Cologne, les sires de Rodemach, de Moers, de Boulay, et toute la noblesse lorraine, marchèrent contre la république messine, qui vit, au mois de juillet 1429, plus de trente mille hommes rassemblés sous ses murailles. Dès le commencement de la guerre, les Messins, voyant les ravages exercés par les ennemis sur leur territoire, attaquèrent le bourg de Saint-Martin, et le ruinèrent complètement, à l'exception de l'église paroissiale et de celle de l'abbaye (1).

Charles II, craignant sans doute pour les reliques de saint Sigebert, s'empressa de les faire enlever et les fit transporter dans l'église du prieuré Notre-Dame de Nancy. On ne sait au juste combien de temps elles y restèrent (2) ; il est probable, toutefois, que ce fut jusqu'à l'époque où le duc de Lorraine, fatigué d'une guerre qui avait eu un si misérable prétexte et avait causé tant de maux au pays, signa la paix avec la cité de Metz (1430).

(1) « Et par especial, dit la Chronique du doyen de Saint-Thiébaut, destruisirent tellement l'abbaye dondit S. Martin, qu'ils n'y laixont maixons droictes en la ville de S. Martin, en laquelle ville y avoit bien lxxx (suivant d'autres 120) feus ou environ, excepté l'église de l'abbaye et l'église de la paroche, ausquelles églises ilz ne firent nulz malz. » D. Calmet ajoute que les murs de l'abbaye furent entièrement détruits l'année suivante, et les pierres employées à faire la vanne qui retient les eaux de la Moselle à Vadrinove.

(2) « En celle année, dit la Chronique précédemment citée, fut la ville de Sainct Martin don tout desrouinée.... et en fut menés sajnct *Soibelz* à Nancy. »

D. Calmet prétend, par erreur, que le corps de saint Sigebert resta déposé dans l'église du prieuré Notre-Dame jusqu'à l'époque de sa translation à la Primatiale.

Co qui est bien certain, c'est qu'en 1449, les reliques du roi d'Austrasie se retrouvaient en la possession des religieux de l'abbaye de Saint-Martin ; par une charte datée du 26 novembre de cette année, Conrard, évêque de Metz, leur permit de porter et de faire porter ces reliques dans l'étendue de son diocèse, pour faire des quêtes et obtenir des aumônes des fidèles, à l'effet de rétablir les bâtiments de leur monastère. Pareille permission leur fut accordée en 1473 (4 janvier) par Antoine de Neufchâtel, évêque de Toul (1).

Grâce aux offrandes qui furent recueillies, l'abbaye de Saint-Martin put sortir de ses ruines, et elle était complètement reconstruite, lorsqu'en 1552, Charles-Quint vint mettre le siége devant Metz.

François de Lorraine, duc de Guise, à qui le roi Henri II avait confié la défense de cette place, ayant jugé nécessaire de faire démolir les habitations qui, situées hors de l'enceinte des murs, pouvaient servir à couvrir l'ennemi, on détruisit tous les faubourgs de la ville, ainsi que les églises et les monastères qu'ils renfermaient : de ce nombre fut celui de Saint-Martin. Mais on avait eu soin, auparavant, de transporter dans la ville les objets précieux que possédaient ces églises et les corps des saints qui y étaient exposés à la vénération des fidèles ; celui de saint Sigebert fut, ainsi que plusieurs autres, déposé dans l'église des Dominicains.

Aussitôt après la levée du siége (1553), on songea à placer les reliques de ce Saint dans un lieu convenable et digne d'elles. « Charles, cardinal, évêque de Metz et de Strasbourg, fils de S. A. sérénissime de Lorraine, le duc Charles, en conféra avec son père, et ils convinrent ensemble qu'ayant dessein l'un et l'autre d'obtenir du Saint-Siége l'établissement d'une église avec titre de Primatiale, elle seroit illustrée par la possession du corps de saint Sigisbert, parce que ce Saint ayant été Roi d'Austrasie et par conséquent de Lorraine, il appartenoit à cet Etat plus qu'à tout autre de jouir de ses sacrées dépouilles, et qu'on ne pouvoit le mettre plus noblement que dans la capitale.

» Charles, cardinal de Sainte-Agathe, évêque de Metz et de Strasbourg, légat *à latere* dans toute l'étendue de la Lorraine et dans les diocèses de Toul, Metz et Verdun, se char-

---

(1) Les chartes de ces deux évêques sont aux Archives. (Titres de Saint-Georges et de la Primatiale.)

gea, auprès du Grand Charles, son père, d'obtenir le consen-
tement du clergé, des magistrats et du peuple de Metz ; on
l'auroit refusé à tout autre qu'à lui, mais l'autorité que Son
Altesse Eminentissime s'étoit acquise.... l'emporta sans nulle
opposition ; de sorte que le jour fut pris pour cette nouvelle
translation. Il fut résolu, de concert entre le clergé de Metz
et celui de Nancy, que l'un et l'autre, chacun de son côté,
feroit la moitié du chemin, c'est-à-dire jusqu'à Corny, bourg
limitrophe de France et de Lorraine, et que là les ecclésiasti-
ques de Nancy recevroient des mains de ceux de Metz l'au-
guste et le sacré corps. Cela se fit effectivement avec l'ordre,
la pompe et la piété requises en une si sainte cérémonie, mais
ce fut avec des sentiments bien différents des peuples de l'une
et de l'autre ville. Tout Metz, qui suivit en foule cette espèce
de procession, étoit en larmes ; tout le chemin retentissoit de
gémissements et de soupirs ; il n'y avoit personne qui ne fût
aussi affligé que si ce jour eût été celui des funérailles de son
père. Ce fut, au contraire, un jour de triomphe pour Nancy ;
tout y étoit dans la joie. Depuis Corny jusqu'à la ville, on
entonna des hymnes, on chanta les louanges du Seigneur et
celles du glorieux saint Sigisbert. A l'entrée de cette capitale,
toute la bourgeoisie étoit en armes ; les cloches de toutes les
églises sonnèrent ; l'artillerie des remparts se fit entendre ;
les rues par où le corps passa étoient jonchées de fleurs ; et
ce fut le cardinal lui-même qui, revêtu des ornements de sa
dignité, le reçut à la porte de l'église Notre-Dame, dont il
étoit prieur commendataire, et où il le déposa pour être le
tutélaire et le patron de la Lorraine et particulièrement de la
ville qui en est la capitale et le siége des Souverains. Le
Grand Charles lui-même s'y étoit rendu, suivi des principaux
seigneurs de sa cour ; il y révéra le Saint et lui recommanda
instamment ses Etats et ses peuples. »

Tel est le récit que fait le P. Frizon (1) de la translation du
corps de saint Sigebert à Nancy. Il est, je crois, inutile de
relever les grossières erreurs commises par cet écrivain, et que
les Bénédictins de Metz ont répétées après lui : En 1552, Charles III n'avait que neuf ans ; son fils, le cardinal de Lorraine, qui ne fut d'ailleurs jamais évêque de Metz (2), ne

(1) Ouvrage précédemmment cité.
(2) L'évêque de Metz était alors Nicolas de Lorraine, fils de René II.

vint au monde qu'en 1567, et le projet d'ériger une Primatiale à Nancy, ne date que des dernières années du XVI° siècle.

Quoi qu'il en soit, il paraît bien certain que c'est à la fin de 1552 ou au commencement de 1553, que les reliques du roi d'Austrasie furent apportées dans la capitale de la Lorraine (1) et déposées dans l'église du prieuré Notre-Dame ; elles y restèrent jusqu'à l'époque où Charles III ayant obtenu du pape l'érection d'une Primatiale à Nancy (1602) , elles furent transportées dans l'église provisoire où les chanoines avaient commencé à faire leurs offices en 1603. « On y avait dressé, à gauche du grand autel, un mausolée digne d'un roi, sur lequel était placée la châsse contenant les reliques de saint Sigebert. Elle était d'ébène , couverte d'argent, richement émaillée, élevée sur une espèce de plateforme soutenue de hautes colonnes de marbre très-bien travaillées , avec des termes de vermeil doré , surmontées d'un pavillon où étaient représentés quelques miracles du Saint. » Cette châsse avait été apportée de Milan à Nancy, par les ordres et aux frais d'Antoine de Lenoncourt, second primat de Lorraine (2).

(1) On lit dans une histoire manuscrite de saint Sigisbert (Archives du département) : « *Nanceium translatus. Factum id an. 1552 quo Metœ à Carolo 5 Cœsare obsessœ et suburbia à propugnatoribus diruta. Et Nanceium illatus sacri corporis Thesaurus, diù in divœ Mariœ templo asservatus est, ubi prioratus simul et parœchia, nunc autem sacra Oratorii Jesu domus. Set postmodùm an.   exœdificatâ temporaneâ Primatiali œde et prioratu novœ ecclesiœ unito* (les biens de l'abbaye de Saint-Martin avaient été également réunis à la Primatiale), *sacrosanctum corpus secundâ translatione in cam illatum est, elegantissimo mausolœo S. Regis ab illustrissimo et reverendissimo Antonio de Lenoncourt secundo Primato adornato, ubi interim magnâ omnium ordinum veneratione et concursu Rex sanctus colitur, dum absolvendi cujus jam fundamenta jacta sunt augustissimi templi Serenissimorum Principum pietate et magnificentiâ digni facultatem feliciora tempora concedant.* »

D. Calmet dit, avec raison, que la translation eut lieu en 1553. (T. I, col. 426.)

(2) Aulbery (*Vie de saint Sigisbert*), qui écrivait en 1617, dit , en décrivant la Primatiale : « ... Vous y voiez la chasse du corps de nostre Sainct Sigisbert, qui est faite toute d'hebenne, couverte d'argent, richement esmaillée, eslevée sur une platte forme et soustenue par des hautes colonnes de marbre, avec des thermes d'argent doré, et au-dessus un pavillon avec quelques figures representant certains miracles dudict Sainct Roy, le tout artistement elabouré, de la munificence de messire Anthoine de Lenoncourt... Vous voiez en ceste eglise par un jour

En 1609, dit Lionnois (T. II, p. 558), le chapitre de la Primatiale ayant abandonné la première église provisionnelle qu'il avait fait construire près de la grande place (la place Mengin), où il devait s'établir, et ayant transporté les reliques, ornements, et le corps du cardinal fondateur (1), dans la seconde église Primatiale, aussi provisionnelle (qui était derrière le chœur de la Cathédrale actuelle), il vendit la première à la commune de Nancy, qui y établit la paroisse Saint-Sébastien (2).

La vénération que l'on portait aux reliques du roi d'Austrasie, fit bientôt choisir ce Saint pour le patron de la capitale de la Lorraine ; et la châsse qui renfermait son corps fut, de même que celle de sainte Geneviève, à Paris, exposée dans les temps de calamités publiques.

En 1668, le « peuple de Nancy ayant souhaité qu'il y eût une confrérie canoniquement érigée pour les fidèles de l'un et de l'autre sexe, en l'église Primatiale, sous le titre et invocation de saint Sigisbert, » le pape se rendit à ce pieux désir, et, par une bulle datée du 20 août de cette année, accorda de nombreuses indulgences aux membres de cette confrérie (3).

Un bref du pape Clément XI, du 17 février 1706, accorda pour sept ans, aux confrères et consœurs de cette confrérie (pour laquelle il y avait un autel dans l'église Primatiale (4)

de l'Ascension specialement, un nombre innombrable de pelerins, qui suivant la saincte ceremonie et coustume de leurs ancestres, retenue et observée de pere en fils, viennent offrir à Dieu les merites dudit Sainct Roy pour en faveur d'iceux obtenir misericorde, ayde et consolation en leurs necessitez, plusieurs s'en retournants avec manifeste experience de la bonté et grace de Dieu par ce moien. »

(1) Le cardinal Charles de Lorraine, fils de Charles III.

(2) On fit les offices dans cette église jusqu'en 1710 ; elle fut démolie à cette époque, et on construisit sur son emplacement l'église actuelle de Saint-Sébastien.

(3) La bulle du pape Clément IX se trouve aux Archives, ainsi que deux placards imprimés, intitulés : « Indulgences accordées par notre S. Père le Pape Clément IX aux confrères de la confrairie de saint Sigisbert ; » et « Sommaire des indulgences perpétuelles concédées par notre Saint Père le Pape Clément IX, à la Confrairie de S. Sigisbert érigée en l'Insigne Eglise N.-Dame de Nancy Primatiale de Lorraine. »

Le duc Léopold, le prince Antoine-François de Lorraine, le maréchal de Carlinford et les principaux seigneurs de la cour étaient, dit le P. Frizon, membres de cette confrérie.

(4) Saint Sigebert a encore aujourd'hui un autel particulier à la Cathédrale ; il est situé à gauche du chœur, et décoré du tableau de Claude Charles, représentant ce Saint enlevé au ciel.

indulgence par forme de suffrage pour l'âme d'un défunt de ladite confrérie, pour laquelle un prêtre approuvé dirait la messe audit autel privilégié, soit au jour de la Commémoration des morts, soit à la seconde férie de chaque semaine.

En 1696, les Bernardins de l'abbaye d'Orval, située dans le comté de Chiny, désirant obtenir une partie du corps de saint Sigebert, pour lequel ils professaient un culte particulier, avaient envoyé deux députés près du chapitre de la Primatiale, afin de lui présenter une requête eh ce sens. Cette demande fut favorablement accueillie, et, le 8 mai, on remit aux délégués de l'abbaye une portion d'une des côtes du Saint.

Dans une réunion du chapitre de la Primatiale, qui eut lieu le 2 avril 1740, sous la présidence de M. de Bouzey, grand doyen, ce dernier exposa aux chanoines que les ornements qui enveloppaient le corps de saint Sigebert, étant prêts à tomber en lambeaux à raison de leur vétusté, il était urgent de les remplacer ; mais que cette opération ne pouvant se faire sans procéder à l'ouverture de la châsse, il fallait que cette cérémonie eût lieu avec toutes les formalités voulues, et en présence d'un certain nombre de personnes choisies, qui seraient priées de signer le procès-verbal de reconnaissance, afin d'en assurer d'autant plus l'authenticité.

En conséquence de cette communication, le chapitre fixa la cérémonie au vendredi, 8 avril suivant. L'ouverture de la châsse se fit, devant tous les chanoines assemblés, par M. de Bouzey, grand doyen, vicaire-général de M. de Beauvau, primat de Lorraine, pour lors à Rome, en présence de MM. d'Hoffelize, premier président de la Cour Souveraine; d'Armur de Maizey, premier président de la Chambre des Comptes ; Bourcier de Montureux, procureur-général de la Cour Souveraine, et de M. le Febvre, procureur-général de la Chambre des Comptes, tous quatre conseillers du roi de Pologne ; de M. Hanus, prévôt et lieutenant-général de police, subdélégué du Chancelier, aussi conseiller du Roi ; de MM. Petitjean, docteur en théologie, curé de Saint-Epvre et doyen rural de Port ; Basset, supérieur de la maison de l'Oratoire et curé de Notre-Dame ; de Tervenu, docteur en théologie, curé de Saint-Roch ; Pecheur, bachelier en théologie, curé de Saint-Nicolas ; Michelet, aussi bachelier en théologie, curé de Saint-Sébastien; Charles Bagard, premier médecin ordinaire du Roi, et du sieur Elophe Parmentier, maître chirurgien de la ville.

Après avoir récité les prières accoutumées devant le grand autel, au pied duquel la châsse, « environnée d'un beau luminaire, » avait été posée sur un tapis de Turquie, on procéda à l'ouverture, et le corps de saint Sigebert fut reconnu se trouver dans l'état suivant :

« La tête, le tronc, les bras et les cuisses se tiennent ensemble, le tout recouvert des muscles, des téguments et de la peau, excepté la tête dont les os du crâne sont à découvert depuis les sourcils jusqu'aux os des tempes et à l'occipital ; le coronal est aussi à découvert, de même que les pariétaux et la partie supérieure de l'occipital ; la face est entière ainsi que le nez, qui est un peu recourbé par le dessèchement de ses propres cartilages ; les lèvres sont conservées, et la supérieure est assez relevée pour laisser entrevoir les quatre dents incisives de la mâchoire supérieure ; les autres parties de la face sont aussi conservées dans leur entier et sans lésion, aussi bien que le corps, les bras, les cuisses, excepté les fausses côtes du côté gauche, qui sont séparées du tout, et par conséquent solution de continuité aux muscles de la poitrine, du bas-ventre de ce côté ; les avant-bras et les jambes sont séparés du tout ; l'avant-bras gauche, le poignet, la main, les doigts avec les ongles sont sans lésions ; la main droite, depuis le poignet jusqu'à l'extrémité des doigts, est entière ; la jambe droite est entière avec deux os du tarse, qui sont le calcaneum et l'estragale, le tout sans solution de continuité aux muscles et à la peau ; les deux os de la jambe sont à nu ; le tibia est entier ; il manque au peroné environ trois travers de doigts de sa partie supérieure (1). »

Après avoir constaté l'état dans lequel se trouvait le corps, on le replaça dans la châsse avec différents ornements, dont il fut également dressé le procès-verbal ci-après :

« *Etat des habillements qui ont esté mis sur le corps de saint Sigisbert, le 8 avril 1740.*

» 1° Un matelat piqué de satin cramoisi ;

» 2° Une tunique de taffetas d'Angleterre, aussi cramoisi ;

» 3° Un drap d'or bordé d'une petite frange d'or et d'un galon autour du col ;

____

(1) Procès-verbal dressé par le sieur Parmentier, maître chirurgien de la ville de Nancy.

» 4° Un coussin de drap d'or avec des glands de frange d'or pour poser la tête du Saint ;

» 5° Un autre petit coussin, aussi de drap d'or, avec une frange d'or pour poser la main droite ;

» 6° Un suaire de taffetas de Florence cramoisi ;

» 7° Un voile de drap d'or et d'argent avec une dentelle d'or, pour recouvrir ledit suaire ;

» 8° Un morceau de taffetas d'Angleterre cramoisi pour couvrir tout le corps habillé.

» On a aussi mis au côté gauche du corps du Saint un ancien coussin de satin cramoisi qui s'est trouvé sous le chef du Saint ;

» Une bourse très-ancienne, en forme de gibecière, chargée de différents écussons, dans laquelle a esté mis un petit paquet cacheté du sceau du chapitre (1), en cire vermeille, lequel contient plusieurs fragments du corps de saint Sigisbert, et qui a pour titre ou inscription : *Fragmenta ex corpore Sti Sigisberti reposita ;*

» Une cie à manche de bois, qui a servi à couper les jambes du Saint. »

En 1742, la toiture de la Primatiale menaçant ruine, les chanoines furent obligés d'en sortir, et, en attendant que leur nouvelle église fût achevée, ils choisirent l'église des Tiercelins pour y célébrer leurs offices. Le 20 mai, à trois heures, on y transporta processionnellement le corps de saint Sigebert, qui, après l'ouverture de la châsse, fut examiné et reconnu dans son entier avec les ornements qui l'enveloppaient, en présence du P. gardien et des religieux de la maison, lesquels déclarèrent se charger volontairement de ce dépôt, et s'obliger à le représenter et à le rendre aux chanoines toutes les fois qu'ils en seraient requis. La châsse fut ensuite refermée, scellée du sceau du chapitre, et déposée dans la chapelle Sainte-Anne (2).

Elle y resta jusqu'au 1er octobre de la même année : à cette époque, la Primatiale actuelle étant complètement terminée, le chapitre put définitivement en prendre possession. On y

(1) Une note, écrite en marge de ce procès-verbal, porte ces mots : «Il y a cinq sceaux. »

(2) Une copie collationnée de ce procès-verbal de translation, se trouve aux Archives.

rapporta la châsse, et elle fut placée au fond du chœur, au-dessus du siége du primat, dans une seconde châsse immobile, qui paraissait soutenue par des anges (1).

Le 28 août 1761, Mesdames de France, Adélaïde et Victoire, ayant assisté à la messe qui fut célébrée à la Primatiale par M. de Choiseul-Beaupré, et témoigné le désir d'emporter une portion du corps de saint Sigebert, le chapitre accéda à leur demande, et on leur fit présent d'une « parcelle de la peau et du muscle du jambier antérieur de la jambe gauche (2). »

(1) C'est par suite de cette disposition qu'est venue l'expression, encore usitée aujourd'hui, quoique bien à tort, de *descendre la châsse*. On la descendait effectivement autrefois, mais maintenant on ne fait que l'exposer.

(2) Voici l'acte qui fut dressé à cette occasion :

« Du vingt huit aoust mil sept cens soixante et un.

» Les augustes princesses de France, Mesdames Adelaïde et Victoire, s'étant rendu hier en cette insigne église Primatiale, où elles ont ouy la messe qui a été célébrée par Illustrissime et Révérendissime Monseigneur Antoine Cleriadus de Choiseul-Beaupré (*), primat de ladite église, archevêque de Besançon, grand aumônier de S. M. le Roy de Pologne, et ayant marqué beaucoup de dévotion à saint Sigisbert, dont le corps repose dans ladite église, la châsse où est renfermée cette précieuse relique leur ayant été ouverte et la relique montrée, elles ont désiré une parcelle de ladite relique ; et ledit seigneur Primat, ainsy que Messieurs du chapitre de ladite église, empressés de satisfaire à cette demande, s'étant assemblés capitulairement, ils ont délibéré et consenty d'une voix unanime de remettre une parcelle de ladite relique à Mesdames ; à l'effet de quoy Messieurs de Bressey, de Granchamps, de Lupcourt, Terré, Sallet et Alliot, chanoines, ont été nommés pour assister ledit seigneur Primat à l'ouverture de ladite châsse, cejourd'huy à l'issue des Vespres ; ce qui a été par eux exécuté en présence de messire Jean Charles Labbé, comte de Coussey, chevalier, seigneur de Rouvrois, conseiller d'Etat de S. M., premier président de la Cour Souveraine de Lorraine et Barrois ; de messire Pascal Joseph de Marcol, chevalier, conseiller d'Etat et procureur général de Lorraine et Barrois ; du sieur Parmentier, chirurgien stipendié en cette ville, et du notaire apostolique soussigné, tous invités à cet effet de la part dudit chapitre ; et la relique ayant été trouvée dans son état ordinaire, ledit seigneur Primat en a détaché, par le moyen de ciseaux, une parcelle de la peau et du muscle du jambier antérieur de la jambe gauche, laquelle parcelle ledit seigneur Primat s'est chargé de présenter et de remettre, au nom dudit chapitre, à ces augustes princesses ; ensuite de quoy, après avoir satisfait à la dévotion et à l'empressement du publique, en luy laissant voir la relique, la châsse en a été

(*) C'est à la sollicitation de ce primat qu'en 1756, le pape Benoît XIV permit aux chanoines de la Primatiale de porter l'habit violet par-dessous le rochet. Le 2 juin de l'année suivante, le Roi de Pologne les décora d'une croix pectorale sur laquelle étaient, d'un côté, l'Annonciation de la Vierge, patronne de leur église, et de l'autre, l'effigie de saint Sigebert.

Après être restée pendant un certain nombre d'années à la place qui lui avait été primitivement réservée, la châsse de saint Sigebert en fut enlevée, à cause de l'humidité du lieu, et mise, avec plusieurs autres reliques, dans l'intérieur du maître-autel : on l'apercevait, dit Lionnois, à travers une glace, sur laquelle étaient, en argent, les deux initiales : S et R, c'est-à-dire *Sigisbertus Rex* (1); derrière était une belle grille qui servait de porte pour enfermer ce précieux dépôt.

C'était là qu'elle était encore déposée, lorsque, en 1793, des hommes pour qui rien n'était respectable ni sacré, l'en arrachèrent et dispersèrent les reliques qui avaient été si longtemps l'objet de la vénération publique. Le corps du patron de Nancy fut jeté d'abord dans la sacristie, puis ensuite porté dans la cour de la maison de M. O'Mahoni, près la place d'Alliance, où ce qui en restait fut livré aux flammes. Quelques personnes avaient pu, néanmoins, en sauver des débris (2),

refermée avec soin en présence desdits dénommés, dont et de tout ce que dessus a été dressé le présent acte pour être déposé aux archives dudit chapitre par Me Jacques Billecard, conseiller du Roy, tabellion de son hôtel et notaire royal en cette ville, en qualité de notaire apostolique immatriculé en cour de Rome, qui a signé avec lesdits dénommés.... » (Suivent les signatures.)

(1) Ou, ajoute Lionnois, *Stanislao Rege;* ce qui, dans ce cas, signifierait, sans doute, que Stanislas avait fait poser lui-même cette glace.

(2) La châsse actuelle de saint Sigebert renferme plusieurs notes manuscrites, servant d'enveloppe à des parcelles du corps, et qui attestent ce fait ; en voici la reproduction :

« Cet os et cette petite côte ont été tirés des cendres du feu allumé » dans la cour de la maison de M. Mahoni, près la place d'Alliance, où » les restes du corps de saint Sigisbert ont été brûlés. »

« Les reliques cy jointes, qui étoient à l'église Primatiale, et que j'ay » eu le bonheur de recueillir, desquelles j'atteste l'authenticité, non » seulement comme membre de cette église, mais aussi comme y ayant » été maître de fabrique pendant plusieurs années, charge qui donnoit » une connoissance particulière de tout ce qui étoit et appartenoit à la- » dite église :

» 1º La vraie croix.
» 2º Une côte de saint Laurent.
» 3º L'Etole de saint Charles.
» 4º Une côte de saint Sigisbert.
» 5º Un os de son bras.
» 6º Et un os de sa jambe. Lesquels trois objets j'ay pris et détaché » de son corps, qui étoit encore assis en entier dans sa châsse.
» A Nancy, ce 18 avril 1704.

» MELCHIOR FRANÇOIS MALVOISIN. »

qui furent recueillis avec soin, et qu'on put replacer plus tard dans la châsse qu'un vénérable ecclésiastique, curé de la Cathédrale, ût faire à ses frais, pour remplacer l'ancienne, devenue beaucoup trop grande pour le peu de reliques qu'il restait à y déposer (1).

C'est le 30 janvier 1803, que les fragments du corps de saint Sigebert furent placés dans la nouvelle châsse par M. d'Osmond, évêque de Nancy, et exposés de nouveau à la vénération des fidèles (2). Ces débris sont, autant qu'il est possible

« Côto et rotule de S' Sigisbert avec la calotte qu'il avoit sur la tête
» lors quon la sorti de sa chasse et quon a dressé proces verbal le
» 1793 present Sibien procureur sindyc de la commune Beaulieu
» offr m.pl nommés commissaires Trelin ex grand vicaire Simonin (')
» chirurgien le proces verbal est resté entre les mains de Trelin et ma
» dit depuis quil lavoit fait enterrer pour faire cesser la superstition des
» gens foibles Simonin en a pris un avant bras la peau et les chaires
» etoient decomposées et s'en alloient en poussiere ce qui a paru ex-
» traordinaire c'est la peau et la barbe du bas du visage qui etoit si so-
» lide quelle paroissoit comme pétrifiée Pour vérité de cy dessus at-
» testé et signé.

» Le 8 pluviose an XI.   BEAULIEU. »

—————

« Côtes de S. Sigisbert rapportées par les fidèles qui les avoient en-
» levées par veneration de la sacristie où le corps du Saint avoit été
» jeté. »

(1) On a prétendu, on a même écrit, que celui qui avait arraché les reliques de saint Sigebert de la Primatiale, avait confectionné lui-même, et à ses frais, là nouvelle châsse, pour faire une sorte d'amende honorable. Je suis porté à croire cette assertion erronée, car la châsse renferme une note manuscrite portant ces lignes :

Sumptibus suis confecit Charlot, pastor ecclesiæ hujus parochialis Dnæ nostræ Btæ Virginis et posuit in venerationem suam ergâ Stum Sigisbertum cujus reliquias collegit.

Il n'est pas probable, comme on l'a cru, que cette note puisse s'appliquer aux ornements, d'une très-médiocre valeur, sur lesquels repose ce qui reste des reliques de saint Sigebert ; il est beaucoup plus vraisemblable d'admettre qu'elle concerne la châsse, laquelle aurait été faite, aux frais de M. l'abbé Charlot, par le sieur C......, dont le nom est gravé dans l'intérieur, avec le mot *fecit*.

(2) Une note, placée dans la châsse, porte :

« En 1803, le 30 janvier, les restes de la relique ont été replacés dans
» une châsse par M. d'Osmond, et exposés de nouveau à la vénération
» des fidèles.

» SIMONIN, doct. méd., CLAUDE LAMORT, BEAULIEU, CHARLOT, curé
» de la C., DE MALVOISIN, DUFOUR, DOSMOND. »

(') Cet honorable citoyen, père et grand-père de MM. les docteurs Simonin, avait réclamé le corps du Saint, sous prétexte de faire des études anatomiques ; il ne put l'obtenir en entier ; il en eut seulement l'épaule et le bras ; grâce à ce pieux subterfuge, il put sauver cette portion du corps, qu'il restitua plus tard à l'autorité ecclésiastique.

de le reconnaître , deux os du bras (1), un autre os et une
petite côte , un os de la jambe , un omoplate auquel sont encore attachés des muscles et des filaments charnus ; trois gran-
des côtes, deux fragments de côte , une rotule et un fragment
de côte.

Quant à la châsse donnée par le primat Antoine de Lenoncourt, elle ne fut pas détruite ; on se contenta d'enlever les
ornements d'argent qui la décoraient ; elle renferme aujour-
d'hui les reliques de saint Gauzelin , l'étole de saint Charles
Borromée, et plusieurs autres objets qui échappèrent, en 1793,
au pillage et à la dévastation des églises.

En voyant le peu qui reste maintenant de ces objets, on
peut se faire une idée du degré jusqu'auquel fut poussée la
rage de la destruction ; d'anciens inventaires de la Primatiale
attestent , en effet, que cette église était très-riche en ornements d'or et d'argent (2) et en reliques de différente na-

(1) Un de ces os était « celui qui était exposé à la vénération publi-
» que toute l'année avant le temps précédent lorsque la relique entière
» était placée dans le tombeau au dessus du chœur. » (Note déposée
dans la châsse.) Cet os était enfermé dans un bras en argent, qui fut envoyé à la Monnaie de Metz, en 1792.

(2) Voici la nomenclature officielle des objets précieux qui furent
enlevés de la Primatiale en vertu de la loi du 4 septembre 1792, et envoyés par le Directoire du district à la Monnaie de Metz, le 10 novembre
suivant :

Or. — Une petite figure représentant sainte Catherine, pesant 1 once
2 gros. — Une plaque en forme de croix, 1 once 8 gr. 1|2 — Un petit
cœur, 1 once.

Vermeil. — Deux burettes et un plat, 4 onces. — Deux petits anges,
6 o. 8 gr.

Argent blanc. — Une petite paire de flambeaux, 8 marcs. — Une na-
vette et sa cuillère, 2 m. 2 o. — Deux burettes et un plat, 5 m. 7 o. —
Un encensoir, 10 m. — Deux paires de flambeaux à girandoles, 13 m.
4 o. — Un Christ , 8 m. — Une croix de procession, 6 m. 6 o. — Une
paire de petits chandeliers, 2 m. 4 o. — Un encensoir, 4 m. 6 o. — Un
autre encensoir, 4 m. — Un grand plat et 2 burettes, 4 m. 1 o. — Un
bénitier et son goupillon, 7 m. — Une paire de petits flambeaux, 4 m.
— Une croix de procession, 5 m. 3 o. — Un ostensoir, 8 m. — Une
plaque d'argent à jour, 6 m. 4 o.—Une couronne dorée en partie, 5 m.
— Un petit reliquaire, 6 m. 4 o. — Couverture d'un livre d'Evangile,
8 m. 4 o. — *Un bras de saint Sigisbert* , 2 m. 8 o. — Un coussin et le
bras de saint Georges, 21 m. 8 o.) c'est sans doute le cuisseau de saint
Georges, venant de la collégiale de ce nom , qui avait été, comme on
sait, réunie à la Primatiale en 1742). — Trois reliquaires, un goupillon
et une coquille, 1 m. 60. — Une Vierge, 36 m. — Une croix , son bâ-
ton et trois bâtons de chantres, 20 m. 4 o. — La garniture d'une côte

ture ; elle possédait, outre le corps de saint Sigebert :

La sainte croix posée sur une lame d'or ;

Le chef entier d'une vierge de la compagnie de sainte Ursule ;

Un os du bras de saint Sébastien, martyr (enfermé dans un bras couvert de lames d'argent) ;

Un os de la cuisse de saint Privé, patron de Salonne ;

Un grand os du bras de saint Agatimbre, évêque ;

Un grand os du bras de saint Sigisbalde, évêque ;

Un grand os du bras de saint Gand, évêque de Troyes ;

Un os du bras de saint Germain (enchâssé dans un bras de bois couvert de fer blanc) ;

Un os du bras d'un des Innocents (enfermé dans un reliquaire de cristal enchâssé d'argent doré, avec quelques turquoises fausses, donné par feu Henri second, duc de Lorraine) ;

Un grand os de sainte Rufine, vierge et martyre ;

Un os de saint Christophe, martyr ;

Un os du poignet de saint Etienne, premier martyr ;

Un os de la jointure du genou de saint Pancrace, martyr ;

Un os de la main de saint Mathieu, apôtre ;

Un os de saint Gueury, évêque de Toul ;

Un os de la main de saint Martin, archevêque de Tours ;

Un os de saint Valère, archevêque de Trèves ;

Un petit os de saint Gengoult ;

Une partie d'un os de saint Baudouin, archevêque de Trèves ;

Deux petites parties d'os de saint Nicolas, évêque ;

Un petit coussinet sur lequel est posée une dent de saint Jean l'Evangéliste ;

de saint Laurent, 4 o. —Deux bâtons de bédeaux 9 m. — Deux couronnes et un cœur, 1 m. 1 o. 4 gr. —Six chandeliers d'autel, 566 m.

Voici le total du poids des objets d'or, de vermeil et d'argent, trouvés dans les églises, communautés, chapitres, congrégations et autres établissements religieux du district de Nancy, envoyés à la Monnaie de Metz, le 10 novembre 1792 :

Or. — 8 marcs 5 onces 1 gros 1|2.
Vermeil. — 276 marcs 1 once 5 gros.
Argent. — 2,225 marcs 7 onces 5 gros.
On envoya en outre à la Monnaie de Paris :
984 marcs de galon d'or ;
420   —   galon d'argent ;
780   —   drap d'or et d'argent ;
194   —   étoffes brodées d'or et d'argent et autres tissus de même matière.

De la chemise Notre Dame ;

Des cheveux et souliers de saint Pierre, apôtre ;

Un petit os de saint Clément, premier évêque de Metz ;

Un petit os des saints Gervais et Prothais ;

Un petit os du bras de saint Ary ;

Un petit os de saint Saintin, évêque ;

Un petit os de saint Elpide, confesseur ;

Un petit os de saint Grosogone ;

Un plat de bois doré où est la figure du chef de saint Jean-Baptiste, dans laquelle sont encloses des reliques , savoir : de la tête de saint Jean-Baptiste et du petit doigt de la main de saint Martin ;

Une petite relique de saint Corneil, pape et martyr ;

Relique des compagnons de saint Maurice ;

Un os du poignet d'une vierge de la compagnie de sainte Ursule ;

Encore un os assez grand d'une d'icelle compagnie ;

Une étole de saint Charles Borromée, archevêque de Milan (1) ;

De la tresse de sainte Cécile, vierge et martyre ;

Du sépulcre de la vierge Marie ;

Du sépulcre de Notre-Seigneur et du Lazare ;

De la verge d'Aaron ;

Reliques de sainte Agnès, vierge et martyre (2).

Une grande partie de l'os huméral de saint Pontiant , martyr ; une partie d'un os de saint Cassius ; une partie d'un os de sainte Agathe, vierge et martyre ; une partie de l'os huméral de sainte Agnès , vierge et martyre ; une côte de sainte Marguerite , vierge et martyre ; une partie d'un os de sainte Sabine, vierge, et plusieurs autres reliques de différents saints, lesquelles , comme les précédentes , avaient été données à la Primatiale par la princesse Antoinette, duchesse de Clèves et de Juliers, fille de Charles III ;

Enfin, des reliques de saint Boniface, pape ; des saints Just, Fortunat, Zozime, Rufus, Facentius, Saturnin, et des saintes

____

(1) « Une stole de toile d'or avec les cordons et boutons d'or et de soye, laquelle souloit porter S¹ Charles Boromée, enfermée en un reliquaire de bois doré, donné par messire D. Breton, chanoine de la Primatiale. » (Inventaire de 1648.)

(2) Inventaire des reliques gardées en l'insigne église Primatiale de Lorraine, 1624. (Archives du département.)

Emerance, Laure et Victoire, toutes données par le pape Clément VIII, qui les avait tirées de sa chapelle pontificale (1).

Le trésor de la Primatiale renfermait, en outre, un grand nombre d'objets d'or, de vermeil ou d'argent, non moins précieux par le travail que par la matière dont ils étaient composés; de très-beaux meubles en cuivre; plusieurs livres liturgiques, notámment « un libvre d'Espitres et Evangiles, in-folio, couvert de lames d'argent par tout; » quantité d'ornements de toute espèce, parmi lesquels une magnifique « chapelle entière de toile d'or frisée, » donnée par le duc Charles III et le cardinal Charles de Lorraine; une autre « chapelle de toile d'argent, » donnée par Antoine de Lenoncourt; un « manteau ducal de moire blanche, au hiéroglife de saint Sigisbert; » de riches tapisseries, beaucoup de tableaux intéressants, soit comme œuvres d'art, soit en raison des souvenirs qu'ils rappelaient (2); je citerai, entre autres, « un grand tableau de Dulis, représentant saint Sigebert priant la Vierge pour la ville de Nancy, » et huit autres tableaux, de différentes grandeurs, placés autour de la châsse du roi d'Austrasie, et figurant des vœux qui lui avaient été faits par des fidèles (3).

La plupart de ces objets ont été, soit détruits, soit dispersés; néanmoins, la Cathédrale possède encore un certain nombre de reliques précieuses, notamment une portion de la vraie croix (4 bis), enchâssée dans un reliquaire d'argent, enfermé lui-même dans une grande croix d'ébène; un morceau de la sainte épine, placé dans un reliquaire d'argent; des reliques de saint Gauzelin, saint Gérard, saint Mansuy, saint Amon, saint Firmin, saint Laurent, saint Jean Népomucène, sainte

(1) Ces reliques étaient enfermées dans le pied d'une « grande croix d'ébène, à double croison, enrichie de feuillage d'argent. » (Inventaire de 1645.)

(2) Ces objets sont énumérés avec beaucoup de détails dans des inventaires qui sont trop longs pour pouvoir être reproduits ici.

(3) Il y avait aussi « un tableau » portant la bulle d'érection de la confrérie de saint Sigebert.

(4) Elle était autrefois « enchassée dans une lame d'or et enfermée en une custode de velours rouge cramoisi avec chiffre d'argent sur ladite custode, enfermée en un coffre d'ivoire. » (Inventaire de 1645.) Le même inventaire indique, comme faisant partie du trésor de la Primatiale, « un quarreau d'argent taillé à jour, où sont représentées les marques de la Passion, au milieu duquel il y a un entail servant pour y poser la vraye croix, donnée par le seigneur de Lenoncourt, primat, du poids de 3 livres 3 onces. »

Aure, sainte Colombe, sainte Menne et sainte Euphémie (1);
l'étole ayant appartenu à saint Charles Borromée, le peigne,
le calice, la patène et l'Evangéliaire de saint Gauzelin (2);
enfin, en fait d'œuvres d'art, on y remarque les trois tableaux
du célèbre Claude Charles, que j'ai précédemment mention-
nés, et qui reproduisent divers traits de la vie de saint Sigebert; une magnifique toile de Bellange représentant la Vierge,
l'enfant Jésus, plusieurs princes et princesses de la maison
de Lorraine, et, dans les médaillons qui l'encadrent, les di-
verses scènes de la Passion; un tableau de Girardet, représentant Notre-Seigneur, etc.; les statues des quatre docteurs
de l'Eglise, qui ornaient autrefois le tombeau du cardinal de
Vaudémont aux Cordeliers; une image de la Vierge, attribuée
à Bagard, et celle de Notre-Dame de Bonne-Nouvelle, apportée de l'ancienne collégiale Saint-Georges, lors de la réunion de cette dernière à la Primatiale (3).

Henri Lepage.

(1) Le chef de sainte Euphémie et la côte de saint Laurent sont dans
la châsse qui renferme les reliques de saint Sigebert.

(2) Ces trois derniers objets ont été décrits par M. Aug. Digot, dans
un mémoire inséré au Tome II des Bulletins de la Société d'Archéologie,
et qu'accompagnent les dessins de ces objets, faits par M. Chatelain.

(3) On vient de faire à la Cathédrale d'importantes restaurations;
mais tout n'est pas encore fini, et on a le projet, auquel on ne saurait
trop applaudir, de placer dans la chapelle Saint-Fiacre deux inscriptions
destinées à rappeler que le caveau de cette chapelle renferme les cendres du cardinal Charles de Lorraine, fondateur de la Primatiale, et
celles de Désilles, qui, comme l'on sait, périt victime de son dévoue-
ment lors de la malheureuse affaire de Nancy (août 1790). On avait eu,
dès cette époque, le projet d'élever à Désilles un monument dans la
Cathédrale; le projet en fut même dressé par M. Mique, au mois de
novembre 1790, et le plan qu'il en a dessiné se trouve déposé aux
Archives.

Contraste insuffisant

NF Z 43-120-14

www.ingramcontent.com/pod-product-compliance
Lightning Source LLC
Chambersburg PA
CBHW051202050726
47594CB00007B/3017